westermann

Richtig schreiben

Erarbeitet von

Heike Baligand
Angelika Föhl
Tanja Holtz
Nadine Pistor

in Zusammenarbeit mit der
Westermann-Grundschulredaktion

Für die Ausleihe bearbeitet von

Heike Baligand
Christina von Weyhe

Unter Beratung von

Nadin Haida-Herklotz
Jutta Ibach
Miriam Jacobs
Katharina Jorga
Insa Scheller
Christina von Weyhe
Prof. Dr. Anja Wildemann

Illustriert von

Anke am Berg, Karoline Kehr, Sabine Kranz

Flex und Flora 2
Deutsch

Inhaltsverzeichnis

Seite

Wörter in Silben gliedern

1 Sprich mit einem Partnerkind. Was fällt Flora auf?

Telefon hat drei Silben. In jeder Silbe ist ein Leuchter: e e o.

Würfel hat …

2 Schreibe die Wörter ins Heft.
Zeichne die Silbenbögen.
Markiere die Leuchter.

Müt ze	Mau er
Kuh	Ku chen
To ma te	Feu er
Zie ge	Lö we
Lei ter	Tel ler
Re gen bo gen	Wal

Leuchter heißen **Selbstlaute**.
Selbstlaute sind **a**, **e**, **i**, **o**, **u**.
Dazu gehören auch
– die Umlaute **ä**, **ö**, **ü**,
– die Zwielaute **au**, **äu**, **ei**, **eu**,
– **ie**.

In jeder Silbe ist ein Selbstlaut: Telefon, Haus, Würfel, …

AH S. 22

3 Schreibe die Wörter ins Heft.
Zeichne die Silbenbögen.
Markiere die Selbstlaute.

3) Fenster, ...

 das F ■ nst ■ r

 der R ■ g ■ n

 der K ■ ch ■ n

 die T ■ f ■ l

 der G ■ rt ■ n

 der B ■ s ■ n

 die ■ mp ■ l

 die ■ ns ■ l

 die F ■ d ■ r

 der V ■ t ■ r

4 In jedem Satz ist ein Wort falsch.
Schreibe die Wörter richtig ins Heft.

4) Garten, ...

Nico spielt im Gartn.
Mein Onkl liest ein Buch.
Papa backt einen Kuchn.
Tim liegt auf dem Bodn.
Mara schaut Bildr an.

5 Sprich mit einem Partnerkind.
Warum sind die Wörter in Aufgabe 4
falsch geschrieben?

6 Finde weitere Wörter.
Schreibe ins Heft.

-en: Garten, ...
-el: Onkel, ...
-er: Vater, ...

Du findest viele Wörter
in diesem Kapitel.

Richtig abschreiben

1 Sprich mit einem Partnerkind.
Wie schreibt man Schritt für Schritt ab?

2 Schreibe die Wörter ins Heft.
Arbeite Schritt für Schritt.
Benutze den Abschreibpfeil.

2) das Bild – das Bild
der Ring – ...

das Bild

der Ring

die Klasse

nehmen

3 Schreibe die Sätze ins Heft.
Arbeite Schritt für Schritt.
Benutze den Abschreibpfeil.

3) Ich kann ...

Ich kann viel. | Rechnen mag ich sehr. | Ich habe tolle Freunde.

Den Abschreibpfeil als Hilfsmittel zum Richtigschreiben kennenlernen
Wörter und Sätze schrittweise abschreiben

Fö 62

Wörter richtig abschreiben

1 Schreibe die Wörter ins Heft.
Arbeite Schritt für Schritt.

1) der Schatz
...

der Schatz
der Schatzsucher
das Schatzsucherspiel

2 Schreibe die Wörter ins Heft.
Arbeite Schritt für Schritt.
Benutze den Abschreibpfeil.

2) Januar
...

Januar	Februar	März	April
Mai	Juni	Juli	August
September	Oktober	November	Dezember

3 Schreibe die Sätze ins Heft. Arbeite Schritt für Schritt.

3) Klassenregeln
...

Klassenregeln
Ich bin freundlich.
Ich melde mich.
Ich helfe anderen.
Ich räume auf.

Wörter üben

1 Sprich mit einem Partnerkind.
Wie kannst du schwierige Wörter üben?

2 Schreibe das Wort ins Heft.
Markiere eine schwierige Stelle.
Schreibe das Wort 5-mal mit verschiedenen Farben untereinander.

heißen	Jahre	viel

2) heißen
heißen
heißen
heißen
heißen
heißen

3 Wähle aus jedem Kasten ein Wort, das für dich schwierig ist.

3) …

ohne	Obst	schnell
quaken	vor	Jahr

Tee	sechs	Zahl
gesund	Platz	hell

a) Schreibe die Wörter wie in Aufgabe 2 ins Heft.
b) Markiere die schwierige Stelle und kontrolliere.
c) Schreibe das Wort mit verschiedenen Farben 5-mal darunter.

AH S. 26-27
31

Gespür für schwierige Wortstellen entwickeln
Wörter durch häufiges Schreiben üben
Wörter selbstständig kontrollieren

Fö 65 / Fo 31

Wörter mit einem Partnerkind üben

1 Suche dir für die Aufgaben 2–5 ein Partnerkind.

2 Übt die Wörter aus dem Kasten im Heft.

a) Schaut euch die Wörter genau an und sprecht über die schwierige Stelle.

b) Das Partnerkind diktiert das erste Wort langsam und deutlich.

c) Es sagt „Halt!“, wenn du ein Wort falsch geschrieben hast.

d) Wenn du etwas nicht verstanden hast, fragst du nach.

e) Am Schluss kontrolliert ihr alle Wörter und verbessert sie.

Montag
Dienstag
Mittwoch
Donnerstag
Freitag
Samstag
Sonntag

3 Tauscht die Rollen und arbeitet wie in Aufgabe 2.

4 Was hat bei eurem Partnerdiktat gut geklappt, was nicht? Sprecht darüber.

5 Lest die Wörter auf Seite 37, die mit dem Buchstaben V/v beginnen. Sprecht über die schwierigen Stellen.

Mit der Wörterliste arbeiten

hel|fen, es hilft
hell
das **Hemd**,
die Hem|den
der **Herbst**
der **Herr**, die Her|ren
das **Heu**

1 Sprich mit einem Partnerkind.
Wozu ist die Wörterliste ab Seite 41 da?
Warum sind einige Wörter **fett** gedruckt?

2 Sieh dir den Ausschnitt der Wörterliste oben an.
Beantworte einem Partnerkind die Fragen.

a) Welches Wort steht über dem Wort **Hemd**?

b) Welches Wort steht unter dem Wort **Herbst**?

c) Was steht neben dem Wort **helfen**?

d) Auf welcher Seite in der Wörterliste steht dieser Ausschnitt?

In der Wörterliste sind die Wörter nach dem **ABC** geordnet.
Da kannst du nachschlagen, wie ein Wort geschrieben wird.

3 Suche in der Wörterliste.
Schreibe das erste Wort ins Heft.

3) Baby
...

B b ▬ **Z z** ▬ **M m** ▬ **T t** ▬

K k ▬ **S s** ▬ **C c** ▬ **O o** ▬

Funktion der Wörterliste kennenlernen
Aufbau der Wörterliste entdecken

HR

Sich in der Wörterliste orientieren

1 Suche in der Wörterliste und schreibe ins Heft:

a) das letzte Wort mit dem Anfangsbuchstaben **P**.

b) das längste Wort mit **J**.

c) das erste Wort mit dem Anfangsbuchstaben **C**.

d) das zweite Wort mit dem Anfangsbuchstaben **M**.

1a) Puppe
b) ...

2 Suche in der Wörterliste das erste Wort mit diesen Buchstaben. Schreibe ins Heft.

2) Haar
...

Ha	Sch
He	se
Hi	So
Ho	sp
Hu	St

3 Suche die Wörter in der Wörterliste. Was steht rechts neben dem Wort? Schreibe ins Heft.

3) der Sohn - die ...
...

der **Sohn** - die	der **Apfel** - die
das **Kind** - die	**lesen** - er
bringen - er	**stehen** - es

4 Suche dir ein Partnerkind. Stellt euch Aufgaben zur Wörterliste. Wechselt euch ab.

Wörter nachschlagen

1 Suche in der Wörterliste.
Schreibe die Namen der Tiere ins Heft,
die mit den Buchstaben beginnen.
Schreibe auch die Seitenzahl auf.
Suche ein Tier, …

… das mit **Af** beginnt.

… das mit **Am** beginnt.

… das mit **Fi** beginnt.

… das mit **Fl** beginnt.

… das mit **Gi** beginnt.

… das mit **Ha** beginnt.

… das mit **Hu** beginnt.

… das mit **Kä** beginnt.

1) Affe Seite 41
Am …

2 Suche diese Tiere in der Wörterliste.
Schreibe die Wörter und die Seitenzahlen ins Heft.

2) Fuchs Seite 43
…

3 Suche 5 weitere Tiere in der Wörterliste.
Schreibe sie mit den Seitenzahlen ins Heft.

4 Suche 3 Tiere von Aufgabe 2 in einem Wörterbuch.
Schreibe jeden Tiernamen mit dem Wort davor und danach ins Heft.

Die Wörterliste nutzen

1 **e** oder **ä**? Suche die Wörter in der Wörterliste. Schreibe sie mit den richtigen Buchstaben und den Seitenzahlen ins Heft.

1) der Bär Seite 41
...

e oder ä?

der B_r

das G_ld

der K_se

der K_fer

das F_ld

die W_lt

2 **F** oder **V**? Suche die Wörter in der Wörterliste. Schreibe sie mit den richtigen Anfangsbuchstaben und den Seitenzahlen ins Heft.

2) der Vater Seite 48
...

F oder V?

der _ater

die _amilie

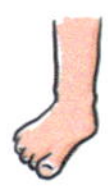
der _uß

der _erkehr

der _ogel

der _uchs

3 **C** oder **K**? Suche die Wörter in der Wörterliste. Schreibe sie mit den richtigen Anfangsbuchstaben und den Seitenzahlen ins Heft.

3) Kakao Seite ...
...

_akao	_lown	_alender	_erze	_omputer

Wörter mit Qu/qu, Sp/sp und St/st schreiben

1 Sprich mit einem Partnerkind.
Welche Fehler hat Flex gemacht?

2 Sprich die Wörter mit **Qu**, **Sp** und **St** halblaut.
Schreibe sie geordnet in eine Tabelle ins Heft.

2) Qu	Sp	St
Qualm	…	
…		

▢alm	▢inne	▢iefel
▢echt	▢uhl	▢adrat
▢ein	▢atsch	▢iegel
▢ift	▢aghetti	▢alle

3 Markiere in den Wörtern von Aufgabe 2 **Qu**, **Sp** und **St**.

Wenn du (**kw**), (**schp**) oder (**scht**) sprichst,
dann schreibst du das Wort mit **Qu/qu**, **Sp/sp** oder **St/st**:
Qualle, quaken, Spinne, spielen, Stempel, stehen, …

AH S. 28-29

Wörter mit Qu/qu, Sp/sp und St/st üben

1 Schreibe die Wörter mit **Qu** ins Heft.
Kontrolliere mit der Wörterliste.

1) Quirl, ...

2 Schreibe mit den Wörtern Quatschsätze ins Heft.

2) Opa quakt am Teich.
...

Opa	spielt	Quartett.
Die Qualle	streichelt	kreuz und quer.
Stefan	quatscht	im Sportunterricht.
Der Frosch	quakt	am Teich.

3 Lies den Text.

Der Traum vom Aquarium

Ben spart schon lange sein Taschengeld.
Er träumt von einem Aquarium.
Bei einem Spaziergang spricht er mit Steffi darüber.
Steffi sagt: „So ein Quatsch!
Fische kannst du doch nicht streicheln.
Kauf dir einen Hund!
Mit einem Hund kannst du spielen."
Ben antwortet: „Das verstehst du nicht!
Ich finde Fische spannend."

4 Schreibe den Text von Aufgabe 3 ins Heft.
Benutze den Abschreibpfeil.
Markiere **Qu/qu**, **Sp/sp** und **St/st**.

4: Der Traum vom Aquarium
...

5 Übe 3 schwierige Wörter mit **Qu/qu**, **Sp/sp** oder **St/st** von Aufgabe 2 und 3.
Wähle dafür eine Übung von den Seiten 8–9.

Nomen großschreiben

Muss ich 🐇 großschreiben?

Mache die Probe mit **ein / eine** und **viele**: **ein Hase – viele Hasen**.

der **Ha|se**, die Ha|sen
das **Haus**, die Häu|ser
die **Haut**, die Häu|te
die **He|cke**, die He|cken
das **Heft**, die Hef|te
heiß
hei|ßen, er heißt
hel|fen, es hilft

1 Sprich mit einem Partnerkind. Warum schreibst du 🐇 groß?

2 Schreibe einige Wörter aus der Wörterliste in Einzahl und Mehrzahl ins Heft.

2) ein Hase – viele Hasen
...

Das ist die **Nomenprobe:** ein **Heft** – viele **Hefte**, eine **Maus** – viele **Mäuse**.
Heft zund Maus sind **Nomen**. Nomen schreibst du **groß**.
Nomen sind oft Wörter für Menschen, Tiere, Pflanzen und Dinge.
Viele Nomen gibt es in der **Einzahl** und in der **Mehrzahl**.

3 In jedem Kasten müssen 4 Wörter großgeschrieben werden.
Mache die Nomenprobe:
ein klein – viele klein, ein Kind – viele Kinder
Schreibe die Nomen ins Heft.

3) ein Kind – viele Kinder
...

klein	kind		katze	lang
wie	und		wir	kleid
auto	doch		oder	suppe
hund	tisch		blume	mit

Die Wortart *Nomen* kennenlernen
Nomenprobe kennenlernen und für die Großschreibung nutzen
Nomen mithilfe der Nomenprobe identifizieren

HR

Nomen erkennen: Menschen und Tiere

1 Schreibe die Nomen für die Menschen in Einzahl und Mehrzahl ins Heft.

1) eine Oma – viele Omas
...

Oma

Junge

Tante

Papa

Kind

Freund

Nomen sind Wörter für Menschen und Tiere: eine **Oma** – viele **Omas**, ein **Hund** – viele **Hunde**. Nomen schreibt man groß. Man kann **ein / eine** oder **viele** davorsetzen.

Viele Nomen kannst du zählen: 3 Omas, 5 Hunde, viele Kinder, ...

2 Markiere die Anfangsbuchstaben der Nomen von Aufgabe 1.

3 Schreibe die Einzahl oder die Mehrzahl der Tiere ins Heft. Kontrolliere mit der Wörterliste.

3) eine Ziege, viele Enten, ein ...

4 Markiere die Anfangsbuchstaben der Nomen von Aufgabe 3.

Nomen erkennen: Pflanzen und Dinge

1 Schreibe die Nomen für Pflanzen in Einzahl und Mehrzahl ins Heft.

1) ein Zweig – viele Zweige
…

 Zweig  Wurzel

 Blüte  Tanne

 Hecke  Blume

2 Markiere die Anfangsbuchstaben der Nomen von Aufgabe 1.

3 Schreibe die Einzahl oder die Mehrzahl der Dinge ins Heft.
Kontrolliere mit der Wörterliste.

3) ein Kuchen, ein Stift, viele …

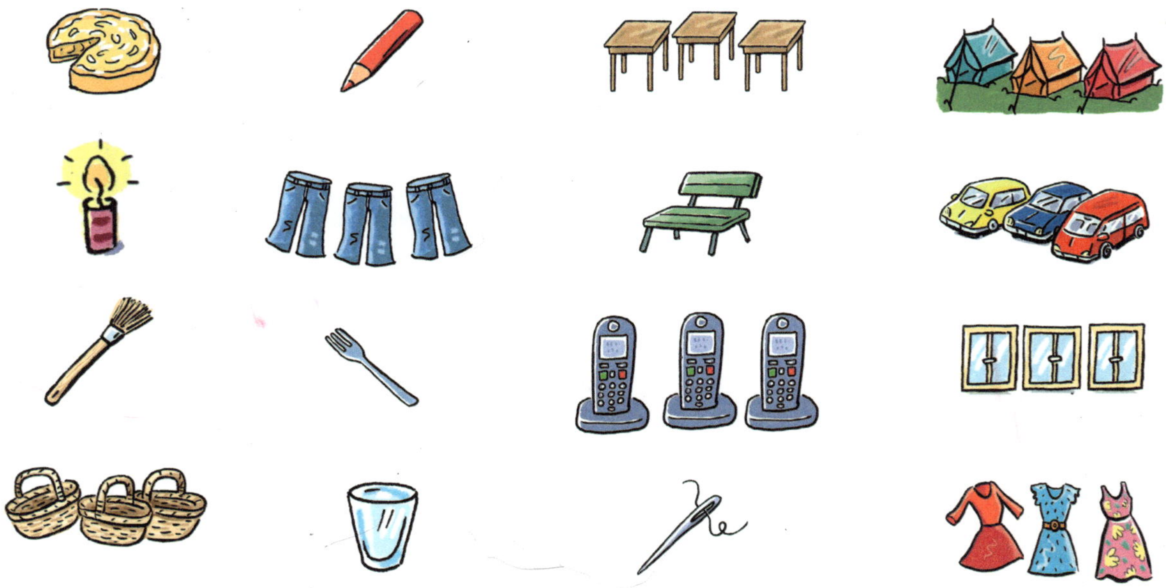

4 Markiere die Anfangsbuchstaben der Nomen von Aufgabe 3.

5 Schreibe 10 Nomen für Dinge ins Heft:
eine Schere – viele Scheren, …

Nomen ordnen und kontrollieren

1 Schreibe Nomen geordnet in eine Tabelle ins Heft. Kontrolliere mit der Wörterliste.

1) Menschen	Tiere	Pflanzen	Dinge
Opa	...	...	...
...			

2 In diesem Text sind die Nomen falsch geschrieben. Finde sie. Mache die Nomenprobe.

So geht die Nomenprobe:
ein Laden – viele Läden.

Im laden

Meine oma geht einkaufen. 1 Nomen
Ihr hund muss vor der tür warten. 2 Nomen
Sie kauft äpfel, blumen und brot. 3 Nomen
Da bellt der hund vor dem laden. 2 Nomen
Schnell holt oma einen knochen. 2 Nomen
An der kasse muss sie warten. 1 Nomen

3 Schreibe den Text von Aufgabe 2 ins Heft. Benutze den Abschreibpfeil.

3) Im Laden
Meine ...

4 Übe 3 schwierige Wörter von Aufgabe 2. Wähle dafür eine Übung von den Seiten 8–9.

Satzanfänge großschreiben

1 Sprich mit einem Partnerkind.
Was meint Flex?

2 Lies die Sätze einem Partnerkind vor.
Zeige ihm die Satzanfänge und die Punkte am Satzende.

Heute scheint die Sonne.
Im Garten liegt ein Ball.
Linus sitzt auf der Schaukel.
Eine Amsel singt im Baum.
Papa hat eine Schaufel in der Hand.
Das Beet soll umgegraben werden.

Das **erste Wort** in einem Satz schreibst du **groß**.
Am Ende des Satzes setzt du einen **Punkt**.
So kannst du Texte leichter lesen:
Heute scheint die Sonne. Im Garten liegt ein Ball.
Auch in einer **Überschrift** schreibst du das erste Wort groß.

3 Schreibe die Sätze ins Heft.
Schreibe die Satzanfänge groß und
setze die Punkte am Satzende.

3) Auf dem Schulhof steht
ein Eimer. …

auf dem Schulhof steht ein Eimer die
Blätter wehen im Wind der Hausmeister
fegt das Laub ich kann heute
einen Drachen steigen lassen

4 Markiere jeden Satzanfang und jeden Punkt in Aufgabe 3.

AH S. 31

Punkt als Satzschlusszeichen kennenlernen
Großschreibung am Satzanfang kennenlernen
Satzanfänge verbessern und Punkte in Texten ergänzen

HR

Sätze bilden und schreiben

1 Bilde aus den Wörtern 4 sinnvolle Sätze.
Lies sie einem Partnerkind vor.

Onkel Otto	singt	einen Baum.
Herr Adam	pflanzt	Wasser.
Mein Bruder	strickt	ein Lied.
Die Oma	trinkt	einen Schal.

2 Schreibe die Sätze
von Aufgabe 1 ins Heft.

2) Onkel Otto …

3 Bilde aus den Wörtern sinnvolle Sätze.
Schreibe sie ins Heft.

3) Die Katze lauert im Garten.

die Katze	hängt	ein Paket
der Postbote	lauert	an der Wand
die Lampe	bringt	im Garten
unser Baby	spielt	im Babybett
mein Freund	schläft	mit Autos

4 Markiere in Aufgabe 3 die Satzanfänge
und die Punkte am Satzende.

5 Denke dir selbst 4 Sätze aus und schreibe sie ins Heft. Das Bild hilft dir.

Verlängern: Auslaute hörbar machen

1 Sprich mit einem Partnerkind.
Warum schreibst du  mit **d**?

2 Schreibe die Nomen in Mehrzahl und Einzahl mit **d** oder **t** ins Heft. Markiere **d** oder **t**.

2) viele Lieder → Lied
...

Lie■	Pfer■	Hef■

3 Schreibe die Nomen in Mehrzahl und Einzahl mit **g** oder **k** ins Heft. Markiere **g** oder **k**.

3) viele Zwerge → Zwerg
...

Zwer■	Ban■	Ta■

4 Schreibe die Nomen in Mehrzahl und Einzahl mit **b** oder **p** ins Heft. Markiere **b** oder **p**.

4) viele Körbe → Korb
...

Kor■	Die■	Sie■

Wenn du Nomen **verlängerst**, kannst du hören,
wie sie am Ende geschrieben werden: Klei?, Kleider, Kleid
Zwer?, Zwerge, Zwerg
Die?, Diebe, Dieb

5 Schreibe die Wochentage ins Heft. Kontrolliere mit der Wörterliste.

5) Montag, ...

AH S. 33-34

Für das Rechtschreibphänomen der Auslautverhärtung sensibilisieren
Die Rechtschreibstrategie *Verlängern* kennenlernen
Die Rechtschreibstrategie *Verlängern* anwenden

Wörter in Sätzen und Texten verlängern

1 In jedem Satz ist ein Wort falsch geschrieben. Verlängere das Wort und schreibe es richtig ins Heft.

1) Bild
...

Opa kauft ein Bilt.

Oma knetet den Teik für den Kuchen.

Alva schläft heute im Zeld.

Der Mont scheint hell.

Auf dem Wek liegt ein Ast.

2 Lies den Text.
Überlege, ob **d** oder **t**, **g** oder **k** passen.

Ausflu■ zur Bur■

Die Klasse fährt heute mit dem Zu■ .
Dann wandern die Kinder
durch den Wal■ .
Bald entdecken sie auf dem We■
ein Schil■ zur Bur■ .
Es ist Zei■ für eine Pause.
Die Kinder haben Bro■ und Saf■ dabei.
Da sehen sie auf dem Ber■ schon die Bur■ .

3 Schreibe den Text von Aufgabe 2 ins Heft.
Benutze den Abschreibpfeil.

3) Ausflug zur ...
Die Klasse fährt ...

4 Übe 3 schwierige Wörter von Aufgabe 2.
Wähle dafür eine Übung von den Seiten 8–9.

Wortbausteine erkennen

1 Sprich mit einem Partnerkind.
Wie bauen Flex und Flora Wörter?

2 Bilde aus den Wortbausteinen von oben Wörter.
Schreibe sie geordnet ins Heft.

2) -schreib-	Schreib-
verschreiben	Schreibheft
...	

3 Schreibe die Wörter ins Heft.
Kreise ein:

3) ver - fahr - en
...

a) den Wortbaustein in der **Mitte** rot.
Das ist der Wortstamm.

b) den Wortbaustein am **Anfang** des Wortes blau.

c) den Wortbaustein am **Ende** des Wortes orange.

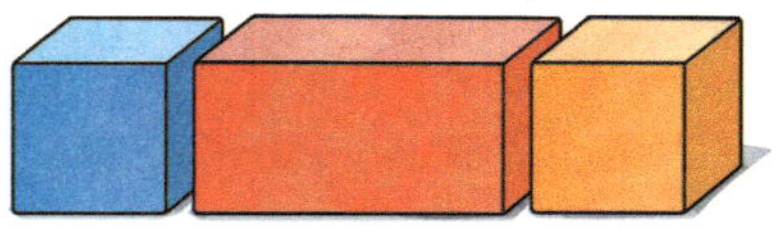

ver-fahr-en an-fahr-en

vor-fahr-en ab-fahr-en

be-fahr-en über-fahr-en mit-fahr-en

Wörter bestehen aus verschiedenen **Wortbausteinen**.
Wortbausteine schreibst du gleich: ver-, vor-, -ig, -lich.

Wörter mit dem gleichen **Wortstamm** gehören zu einer **Wortfamilie**:
Schreibheft, Schreiber, abschreiben, verschreiben.

AH S. 35
39

Den Aufbau von Wörtern aus Wortbausteinen kennenlernen
In Wörtern den Wortstamm als gemeinsamen Wortbaustein erkennen
Aus Wortbausteinen Wörter bilden

4 Schreibe die Wörter, die zusammengehören, ins Heft.

das Glück	kräftig
der Sport	witzig
die Kraft	glücklich
der Witz	sportlich

4) das Glück – glücklich
...

5 Schreibe die Wörter von Aufgabe 4 geordnet ins Heft.

Kreise in den Wörtern die Wortbausteine **-lich** und **-ig** **orange** ein.

5) -lich	-ig
glücklich	
...	

6 Lies den Text.

Wochenende bei Opa

Tom verbringt das Wochenende bei Opa.
Sie verlegen im Garten Platten.
Nach der Arbeit sind Toms Schuhe dreckig.
Auch seine Hände sind schmutzig.
Tom wäscht sie gründlich.
„Sehr ordentlich", lobt Opa. „Soll ich dir jetzt vorlesen?"

7 Schreibe den Text von Aufgabe 6 ins Heft.
Benutze den Abschreibpfeil.
Kreise ein: a) die Wortbausteine **ver-** und **vor-** **blau**.
b) die Wortbausteine **-ig** und **-lich** **orange**.

8 Übe 3 schwierige Wörter mit **-ig** und **-lich**, **ver-** und **vor-**.
Wähle dafür eine Übung von den Seiten 8–9.

Wörter mit ä und äu ableiten

1 Sprich mit einem Partnerkind.
Was passiert mit den Wörtern in der Maschine?

2 Schreibe die Einzahl der Nomen ins Heft.
Setze dann **ä** oder **e** in der Mehrzahl ein.

2) Einzahl	Mehrzahl
ein Kamm	viele Kämme
...	

 K■mme

 Schr■nke

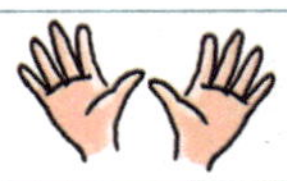 H■nde

 M■nner

3 Markiere **a** und **ä** in den Wörtern von Aufgabe 2.

4 Schreibe die Einzahl der Nomen ins Heft.
Setze dann **äu** oder **eu** in der Mehrzahl ein.

4) Einzahl	Mehrzahl
ein Haus	viele Häuser
...	

 H■ser

 Fr■nde

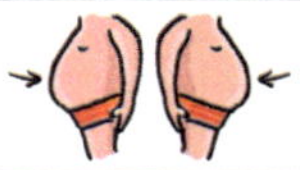 B■che

 B■me

5 Markiere **au** und **äu** in den Wörtern von Aufgabe 4.

Die Strategie *Ableiten* kennenlernen
Nomen mit Umlauten durch Einzahlbildung ableiten

6 Welche Wörter gehören zusammen?
Schreibe ins Heft.

6) waschen – Wäsche
...

waschen	Bäcker
anfeuern	Freude
raten	Gefängnis
erbeuten	Feuer
backen	Wäsche
freuen	Schleuder
verkaufen	Rätsel
schleudern	Leuchter
fangen	Räuber
beleuchten	Beute
rauben	Verkäufer

7 Markiere **a** und **ä**, **au** und **äu** in den Wörtern von Aufgabe 6.

Du schreibst ein Wort mit **ä**,
wenn du es von einem verwandten Wort mit **a ableiten** kannst:
Kamm – Kämme, waschen – Wäsche, ...

Du schreibst ein Wort mit **äu**,
wenn du es von einem verwandten Wort mit **au ableiten** kannst:
Haus – Häuser, rauben – Räuber, ...

Von der Einzahl ableiten

1 ä oder **e**? Schreibe die Einzahl und die Mehrzahl ins Heft.

1) Einzahl	Mehrzahl
eine Gans	viele Gänse
...	

G■nse

R■der

St■rne

S■fte

K■rzen

B■nke

B■tten

W■lder

F■dern

T■ler

2 **äu** oder **eu**? Schreibe die Einzahl und die Mehrzahl ins Heft.

2) Einzahl	Mehrzahl
eine Maus	viele Mäuse
...	

M■se

Fr■nde

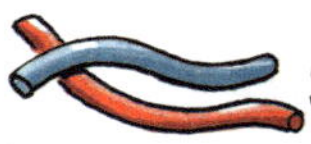
Schl■che

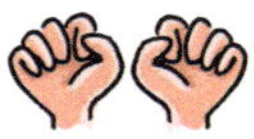
F■ste

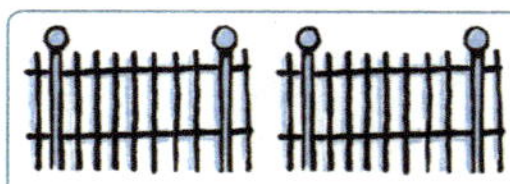
Z■ne

B■len

L■se

Br■te

3 Warum schreibt man **Träume** mit **äu** und **Eulen** mit **Eu**?
Erkläre es einem Partnerkind.

42-43

Die Strategie *Ableiten* anwenden
Die Strategie in einem Rechtschreibgespräch anwenden

KV 67
Fö 91, 92

Von der Wortfamilie ableiten

1 Suche ein passendes Wort aus der Wortfamilie.
Schreibe es ins Heft und leite ab.

1) Stange - Stängel
...

Stange	tanzen	Jahr	Schaf

ä oder e?	Wort aus der Wortfamilie	darum schreibt man
St■ngel	■	■
j■hrlich	■	■
Sch■fer	■	■
T■nzer	■	■

2 Markiere **a** und **ä** in den Wörtern von Aufgabe 1.

3 Welches Wort hilft dir?
Zeige einem Partnerkind zu jedem Satz das passende Wort.
Sage, ob du **ä** oder **äu** einsetzt.

Tag
stark
laufen
Traum
warm
schlagen

Afrim ist ein guter L■fer.

Er übt t■glich.

Vor jedem Lauf muss er sich gut aufw■rmen.

Lange Strecken sind seine St■rke.

Dabei schl■gt er jeden Gegner.

Manchmal tr■mt er von einem großen Sieg.

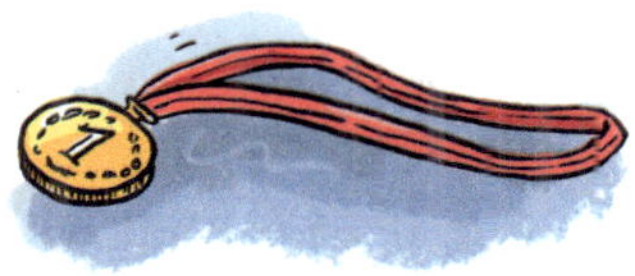

4 Schreibe den Text von Aufgabe 3 ins Heft.
Benutze den Abschreibpfeil.

4) Afrim ...

5 Übe 3 schwierige Wörter mit **ä** oder **äu** von Aufgabe 3.
Wähle dafür eine Übung von den Seiten 8–9.

Offene Silben und geschlossene Silben erkennen

1 Sprich mit einem Partnerkind. Was fällt Flex und Flora auf?

2 Schreibe die Wörter ins Heft.
Zeichne Silbenbögen.
Markiere den Selbstlaut in der ersten Silbe.

2) Blume, …

Blume	Fenster	Wolke	Schule
trinken	fangen	geben	liegen

3 Sprichst du den markierten Selbstlaut in Aufgabe 2 lang _ oder kurz . ?
Schreibe _ oder . unter den markierten Selbstlaut.

4 Schreibe die Wörter von Aufgabe 2 geordnet ins Heft.

Die erste Silbe endet mit einem Selbstlaut.
→ Die Silbe ist offen.
→ Der Selbstlaut klingt lang _.

Die erste Silbe endet mit einem Mitlaut.
→ Die Silbe ist geschlossene.
→ Der Selbstlaut klingt kurz . .

4) erste Silbe offen	erste Silbe geschlossen
Blume	Fenster
…	…

AH S. 37-38

Zweisilbige Wörter in Silben gliedern
Offene und geschlossene Silben kennenlernen
Vokallängen unterscheiden

Flex und Flora

G g	Z z	Eu eu	ch
ie	Sp sp	St st	J j
V v	Ö ö	Ü ü	Ä ä
äu	Pf pf	Qu qu	ß
C c	Y y	X x	ng
tz	ck	nk	

Flex und Flora

A a | M m | O o

I i | L l | U u

E e | S s | F f

N n | W w | R r | T t

Au au | P p | Ei ei | D d

Sch sch | K k | H h | B b

Illustration: Antje Hagemann

Jede Silbe enthält einen Selbstlaut.

Wenn die erste Silbe mit einem Selbstlaut endet,
dann ist die Silbe **offen**.
Der Selbstlaut wird **lang** _ gesprochen.
Blume, malen, ...

Wenn die erste Silbe mit einem Mitlaut endet,
dann ist die Silbe **geschlossen**.
Der Selbstlaut wird **kurz** . gesprochen.
Fenster, trinken, ...

5 Lies die Wörter einem Partnerkind vor.
Sage ihm, ob der markierte Selbstlaut **lang** oder **kurz** gesprochen wird.

Farbe	denken	turnen	reden	Flügel
legen	Nebel	lernen	lösen	Stunde

6 Lies den Text.

Regen

Die Wolken sind dunkel.

Regen fällt auf den Rasen.

Auch die Wege sind nass.

Die Kinder sehen Vögel.

Die Tiere putzen ihre Federn.

7 Schreibe den Text von Aufgabe 6 ins Heft.
Benutze den Abschreibpfeil.
Zeichne Silbenbögen unter die blauen Wörter.
Markiere den Selbstlaut in der ersten Silbe.

7) Regen
Die Wolken ...

8 Übe 3 schwierige Wörter von Aufgabe 6.
Wähle dafür eine Übung von den Seiten 8–9.

Wörter mit ie schreiben

1 Sprich mit einem Partnerkind.
Was meinen Flex und Flora?

2 Schreibe die Wörter ins Heft.
Sprich **ie** ganz lang. Zeichne Silbenbögen.
Markiere **ie** und schreibe _.

2) die Biene, ...

die Biene	die Wiese	der Stiefel	die Fliege	die Ziege

3 Schreibe die Wörter ins Heft.
Zeichne Silbenbögen.
Markiere den Selbstlaut in der ersten Silbe.
Schreibe _ oder . unter
den markierten Selbstlaut.

3) die Wiese, – der Winter

die Wiese – der Winter	die Biene – die Birne
das Fieber – der Finger	der Sieger – das Silber
die Liebe – die Lichter	der Riese – die Rinde

4 Sprich mit einem Partnerkind
über die Wörter von Aufgabe 3.
Diese Wörter helfen euch:

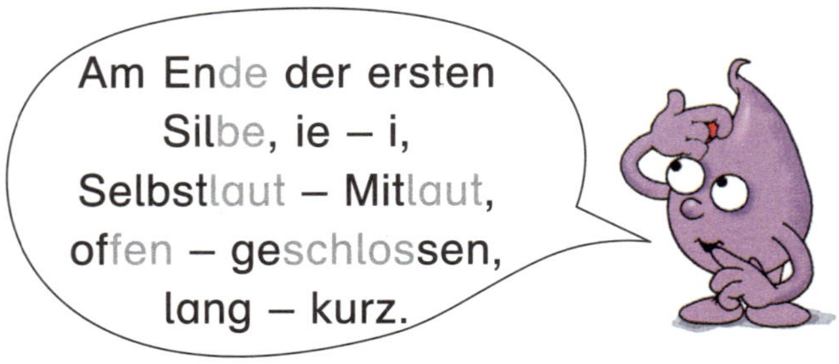

Bei einem langen (i) schreibst du meistens **ie**.
In diesen Wörtern ist die erste **Silbe offen**:
Bie ne, Tie re, spie len, lie gen, vie le, ...

Der **Selbstlaut** in einer offenen Silbe wird **lang** gesprochen.

AH S. 39-40

Für Wörter mit *ie* sensibilisert werden
Wörter mit *ie* deutlich sprechen
Wörter mit *ie* schreiben

KV 71, 72
Fö 97, 98 / Fo 44

5 Setze die Wörter zusammen und bilde Nomen mit **Spiel-** und **Tier-**. Schreibe ins Heft.

5) Spie|platz
…

Spiel- -platz, -zimmer, -zeug, -kiste

Alle Wörter aus einer Wortfamilie schreibst du mit **ie**: **spielen**, das **Spiel**, der **Spielplatz**.

Tier- -park, -kind, -buch, -arzt

6 Sprich **ie** in den Nomen von Aufgabe 5 lang. Markiere **ie**.

7 Bilde Wörter mit **Brief-**. Schreibe ins Heft.
Briefträger, …

8 Schreibe den Text ins Heft. Setze **ie** ein. Benutze den Abschreibpfeil.

8) Im Tierpark
…

Im T■rpark

Lola und Marek sind mit Opa im T■rpark.

Marek mag die Schildkröten am l■bsten.

Lola l■bt die Z■gen auf der W■se.

Ein T■r ist krank und der T■rarzt ist da.

Ob T■re auch F■ber haben?

9 Übe 3 schwierige Wörter von Aufgabe 8. Wähle dafür eine Übung von den Seiten 8–9.

Wörter mit doppelten Mitlauten ...

1 Sprich mit einem Partnerkind.
Was haben die Wörter gemeinsam?

2) ff: Affe, ...
ll: ...

2 Lies die Wörter halblaut. Schreibe jeweils 2 Wörter mit **ff**, **ll**, **mm**, **nn**, **pp**, **ss**, **tt** geordnet ins Heft.
Zeichne Silbenbögen und markiere die doppelten Mitlaute.

3 Setze die doppelten Mitlaute ein. Schreibe die Wörter ins Heft.
Zeichne Silbenbögen und markiere die doppelten Mitlaute.
Schreibe . unter den kurzen Selbstlaut in der ersten Silbe.

3) Sonne, ...

 So ■ ■ e
 Ta ■ ■ e
 Wo ■ ■ e

 Pu ■ ■ e
 Lö ■ ■ el
 Pfa ■ ■ e

In Wörtern mit doppelten Mitlauten endet die erste Silbe zwischen den doppelten Mitlauten:
Sonne, Himmel

In diesen Wörtern ist die erste Silbe geschlossen. Der Selbstlaut in einer geschlossenen Silbe wird immer kurz . gesprochen.

4 Schreibe die Wörter geordnet ins Heft.
Markiere **tz** und **ck**.

4) tz	ck
Katze	...
...	

die Katze schmecken der Zucker sitzen die Jacke
die Zecke putzen die Pfütze backen die Tatze

5 Schreibe das Gedicht ins Heft.
Benutze den Abschreibpfeil.
Markiere im Gedicht die doppelten Mitlaute,
tz und **ck**.

5) Tierkonzert
...

Tierkonzert

Tauben gurren und Katzen schnurren.
Hummeln brummen und Bienen summen.
Elstern keckern und Ziegen meckern.
Schweine schmatzen und Spatzen schwatzen.
Störche klappern und Papageien plappern.

6 Übe 3 schwierige Wörter von Aufgabe 5.
Wähle dafür eine Übung von den Seiten 8–9.

Merkwörter üben

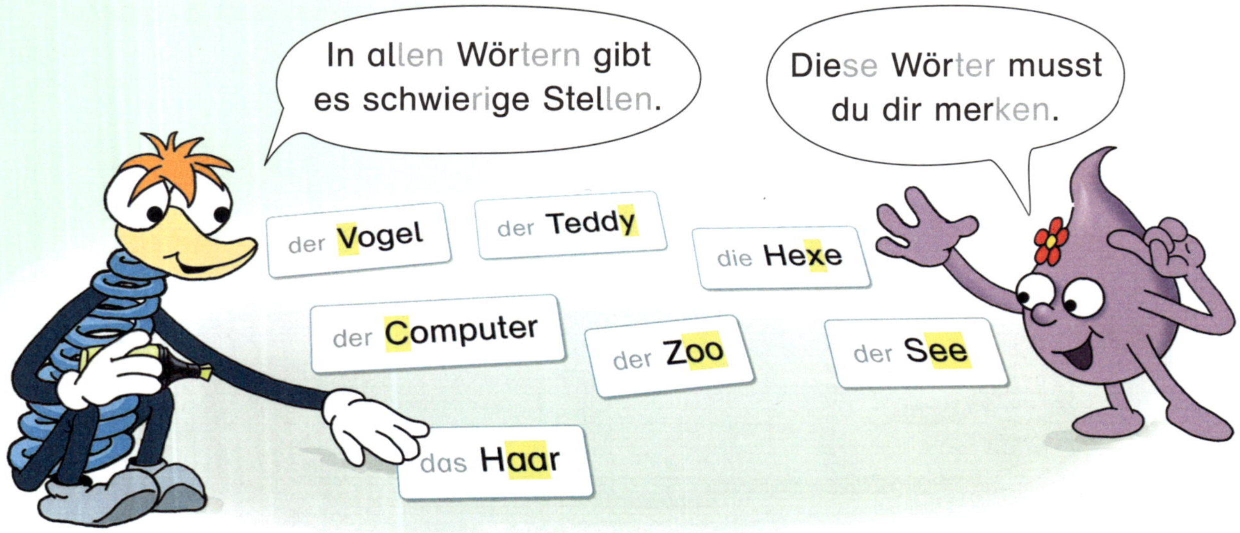

1 Sprich mit einem Partnerkind.
Warum sind das Merkwörter?

2 Schreibe die Merkwörter geordnet ins Heft.

Moos	Computer	Teddy	Schnee	
Clown	Baby	Tee	Vater	Vogel
Taxi	Verkehr	Hexe	Pony	Axt
See	Comic	Zoo	Boot	

2) C / c: Computer
V: …
x: …
y: …
ee: …
oo: …

Bei manchen Wörtern hilft Nachdenken nicht.
Diese Wörter sind **Merkwörter**.
Du musst dir merken, wie sie geschrieben werden:
Computer, Vogel, Teddy, Hexe, See, …

AH S. 43-44

Merkwörter mit *C/c*, *V*, *x*, *y*, *aa*, *ee*, *oo* kennenlernen
Rechtschreibgespräche anbahnen
Merkwörter ordnen und schreiben

Merkwörter richtig schreiben

1 Schreibe die Merkwörter geordnet ins Heft.
Markiere in den Wörtern **V** und **v**.

Vogel	vier	Vater
viel	voll	Verkehr

1) V	v
Vogel	...
...	

2 Setze die Merkwörter von Aufgabe 1 ein.
Schreibe die Sätze ins Heft.

2) Auf der Autobahn ...
...

Auf der Autobahn ist oft viel ___ .
Meine Trinkflasche ist noch ___ .
Der Junge ist ___ Jahre alt.
In unserem Garten brütet ein brauner ___ .
Der ___ von Lene backt einen Kuchen.
Mia hat heute ___ zu tun.

3 Lies den Text.

In der Eisdiele
Carlos und Yumi sind mit Oma in der Eisdiele.
Oma trinkt Eistee. Es gibt viel zu sehen.
Ein Vater spielt mit seinem Baby.
Ein Clown mit einem Pony sammelt Spenden
für den Zoo.
Viele kleine Vögel picken Krümel auf.
Ein Taxi mit einem Boot auf dem Dach fährt vorbei.

4 Schreibe den Text von Aufgabe 3 ins Heft.
Benutze den Abschreibpfeil.
Markiere in den Merkwörtern
C, **x**, **Y/y**, **V/v**, **ee** und **oo**.

4) In der Eisdiele
...

5 Übe 5 Merkwörter.
Wähle dafür eine Übung von den Seiten 8–9.

Rechtschreibgespräche führen und Strategien nutzen

1 Suche dir für die Aufgaben 2 – 8 ein Partnerkind.

2 Warum hat Flora die Buchstaben markiert? Sprecht darüber.

3 Zeigt die passenden Strategiesymbole zu **Wolle**.

4 Zeigt schwierige Stellen im Wort. Welche Strategien helfen, das Wort richtig zu schreiben?

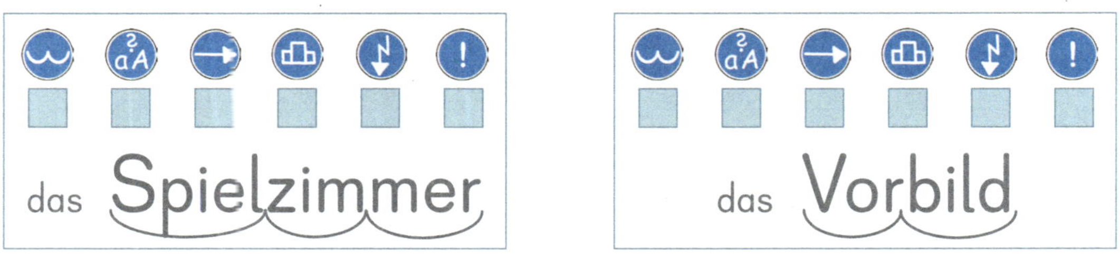

5 Sucht euch jeder ein schwieriges Wort. Führt zu diesen Wörtern ein Rechtschreibgespräch.

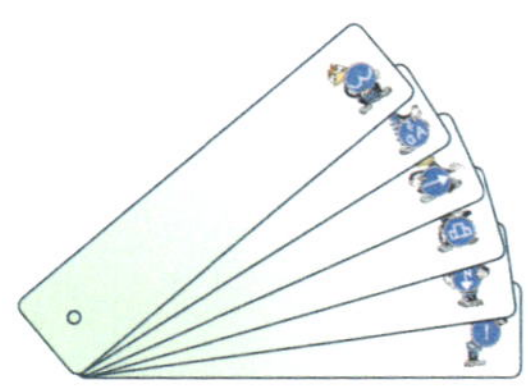

6 Was meint Flora? Sprecht darüber.

7 Benutzt den Rechtschreibfächer.
Wie werden die Wörter richtig geschrieben?
Erklärt es euch.
Schreibt die Wörter richtig ins Heft.

7) …

8 Welches Wort ist richtig?
Zeige dem Partnerkind, welche Strategie dir hilft.
Nutze die Strategie und zeige das richtige Wort.

Brod Brot	Verlängern	Ableiten
Hände Hende	Verlängern	Ableiten
Mäuse Meuse	Verlängern	Ableiten
Schild Schilt	Verlängern	Ableiten
Schrang Schrank	Verlängern	Ableiten
Sieb Siep	Verlängern	Ableiten

Häufige Wörter

ab
aber
alles
als
am
an
auch
auf
aus
bei
beide
bis
da
dann
das
dein
dem
den
denn
der
des
dich
die
dies
dir
doch
dort
du
durch
ein
er
es
etwas
euch
euer
eure
für
gleich
hier
hin
hinter
ich
ihm
ihn
ihr
im
in
ins
ja
jeder
kein
man
mein
mich
mir
mit
nach
nein
nicht
noch
nun
nur
ob
oben
oder
ohne
sein
sich
sie
so
über
um
und
uns
unten
unter
von
vor
wann
warum
was
weil
welche
wem
wen
wenn
wer
wie
wir
wo
zu
zuerst
zum
zur

Monate

Januar
Februar
März
April
Mai
Juni
Juli
August
September
Oktober
November
Dezember

Wochentage

Montag
Dienstag
Mittwoch
Donnerstag
Freitag
Samstag
Sonntag

Farben

blau
gelb
grün
rot
schwarz
weiß
braun
orange
rosa
lila

Zahlen

eins, zwei, drei, vier, fünf, sechs,
sieben, acht, neun, zehn, elf, zwölf
zwanzig, dreißig, vierzig, ...
einhundert, zweihundert, ...

Wörterliste

A a

der **Abend**, die Aben|de
der **Af|fe**, die Af|fen
alt
die **Amei|se**, die Amei|sen
die **Am|pel**, die Am|peln
die **Ant|wort**, die Ant|wor|ten
ant|wor|ten, er ant|wor|tet
der **Ap|fel**, die Äp|fel
die **Ar|beit**, die Ar|bei|ten
ar|bei|ten, er ar|bei|tet
der **Arm**, die Ar|me
der **Ast**, die Äs|te
die **Auf|ga|be**, die Auf|ga|ben
auf|wa|chen, er wacht auf
das **Au|ge**, die Au|gen
der **Aus|flug**, die Aus|flü|ge
das **Au|to**, die Au|tos
die **Axt**, die Äx|te

B b

das **Ba|by**, die Ba|bys
ba|cken, er backt
der **Bä|cker**, die Bä|cker
das **Bad**, die Bä|der
ba|den, er ba|det
bald
der **Ball**, die Bäl|le
die **Ba|na|ne**, die Ba|na|nen
die **Bank**, die Bän|ke
der **Bär**, die Bä|ren
der **Bauch**, die Bäu|che
bau|en, er baut
der **Bau|er**, die Bau|ern
der **Baum**, die Bäu|me
das **Bein**, die Bei|ne
be|quem
der **Berg**, die Ber|ge
der **Be|sen**, die Be|sen
be|sie|gen, sie be|siegt
die **Beu|le**, die Beu|len
be|we|gen, es be|wegt sich
be|zah|len, er be|zahlt
die **Bie|ne**, die Bie|nen
das **Bild**, die Bil|der
bin|den, er bin|det
die **Bir|ne**, die Bir|nen
bit|ten, er bit|tet
das **Blatt**, die Blät|ter
blei|ben, er bleibt
blü|hen, es blüht
die **Blu|me**, die Blu|men
die **Blü|te**, die Blü|ten
der **Bo|den**, die Bö|den
das **Boot**, die Boo|te
bö|se
brau|chen, er braucht
breit
der **Brief**, die Brie|fe
brin|gen, er bringt
das **Brot**, die Bro|te
der **Bru|der**, die Brü|der
das **Buch**, die Bü|cher
bunt
der **Bunt|stift**, die Bunt|stif|te
die **Burg**, die Bur|gen
der **Bus**, die Bus|se
der **Busch**, die Bü|sche
die **But|ter**

C c 

der **Cent**, die Cents
der **Clown**, die Clowns
der **Com|pu|ter**, die Com|pu|ter

D d 

der **Dampf**, die Dämp|fe
der **Dank**
dan|ken, er dankt
der **Dau|men**, die Dau|men
den|ken, er denkt
der **Dieb**, die Die|be
der **Diens|tag**
der **Don|ners|tag**
die **Do|se**, die Do|sen
dun|kel

E e 

die **Eb|be**
das **Ei**, die Ei|er
der **Ei|mer**, die Ei|mer
das **Eis**
der **Ele|fant**, die Ele|fan|ten
die **El|tern**
das **En|de**, die En|den
eng
die **En|te**, die En|ten
die **Erd|bee|re**, die Erd|bee|ren
die **Er|de**
der **Esel**, die Esel
es|sen, er isst
die **Eu|le**, die Eu|len
der **Eu|ro**, die Eu|ros

F f 

das **Fach**, die Fä|cher
fah|ren, sie fährt
fal|len, er fällt
falsch
die **Fa|mi|lie**, die Fa|mi|li|en
fan|gen, er fängt, das Ge|fäng|nis
die **Far|be**, die Far|ben
die **Fe|der**, die Fe|dern
feh|len, er fehlt
die **Fei|er**, die Fei|ern
fei|ern, sie fei|ert
fein
das **Feld**, die Fel|der
das **Fens|ter**, die Fens|ter
die **Fe|ri|en**
fin|den, er fin|det
der **Fin|ger**, die Fin|ger
der **Fisch**, die Fi|sche
die **Fla|sche**, die Fla|schen
die **Flie|ge**, die Flie|gen
flie|gen, sie fliegt
flie|ßen, es fließt
der **Flü|gel**, die Flü|gel
flüs|sig
fol|gen, er folgt
das **Fo|to**, die Fo|tos
fra|gen, sie fragt
die **Frau**, die Frau|en
der **Frei|tag**
fremd
die **Freu|de**, die Freu|den
freu|en, er freut sich
der **Freund**, die Freun|de
frisch
der **Frosch**, die Frö|sche,
die **Frucht**, die Früch|te

früh
der **Früh|ling**
der **Fuchs**,
die Füch|se
fül|len, er füllt
der **Fül|ler**, die Fül|ler
der **Fuß**, die Fü|ße

G g

die **Ga|bel**,
die Ga|beln
ganz
der **Gar|ten**,
die Gär|ten
ge|ben, es gibt
ge|gen
ge|hen, sie geht
das **Geld**, die Gel|der
das **Ge|mü|se**
das **Ge|schenk**,
die Ge|schen|ke
die **Ge|schich|te**,
die Ge|schich|ten
das **Ge|sicht**,
die Ge|sich|ter
ges|tern
ge|sund
die **Gi|raf|fe**,
die Gi|raf|fen
das **Glas**, die Glä|ser
das **Gras**, die Grä|ser
groß
gut

H h

das **Haar**, die Haa|re
ha|ben, ich ha|be,
du hast, er hat,
wir ha|ben
der **Ha|fen**, die Hä|fen
der **Hals**, die Häl|se
hal|ten, er hält
der **Ham|mer**,
die Häm|mer
die **Hand**, die Hän|de
hart
der **Ha|se**, die Ha|sen
das **Haus**,
die Häu|ser
die **Haut**, die Häu|te
die **He|cke**,
die He|cken
das **Heft**, die Hef|te
heiß
hei|ßen, er heißt
hel|fen, es hilft
hell
das **Hemd**,
die Hem|den
der **Herbst**
der **Herr**, die Her|ren
das **Heu**
heu|len, er heult
heu|te
die **He|xe**, die He|xen
die **Hil|fe**, die Hil|fen
der **Him|mel**,
die Him|mel
der **Hof**, die Hö|fe
ho|len, sie holt
hö|ren, er hört
die **Ho|se**, die Ho|sen
der **Hund**, die Hun|de
hüp|fen, sie hüpft

I i

der **Igel**, die Igel
im|mer
die **In|sel**, die In|seln

J j

der **Jä|ger**, die Jä|ger
das **Jahr**, die Jah|re
jetzt
der **Jun|ge**,
die Jun|gen

K k

der **Kä|fer**, die Kä|fer
der **Ka|kao**

der **Kalender**, die Kalender
kalt, die Kälte
das **Kamel**, die Kamele
kämmen, er kämmt
die **Karte**, die Karten
der **Käse**, die Käse
die **Katze**, die Katzen
kaufen, er kauft
kennen, er kennt
die **Kerze**, die Kerzen
das **Kind**, die Kinder
die **Kirsche**, die Kirschen
die **Klasse**, die Klassen
kleben, sie klebt
das **Kleid**, die Kleider
klein
klug
der **Knopf**, die Knöpfe
kochen, er kocht
kommen, es kommt
der **König**, die Könige
können, er kann
der **Kopf**, die Köpfe
der **Korb**, die Körbe
der **Körper**, die Körper
krank
das **Kraut**, die Kräuter
der **Kreis**, die Kreise
das **Krokodil**, die Krokodile
die **Küche**, die Küchen
der **Kuchen**, die Kuchen
die **Kuh**, die Kühe
kurz

L l

lachen, sie lacht
die **Lampe**, die Lampen
laufen, er läuft, der Läufer
laut
leben, sie lebt
lecker
legen, er legt
leicht
leider
leise
lernen, sie lernt
lesen, er liest
die **Leute**
das **Lexikon**, die Lexika
das **Licht**, die Lichter
lieben, er liebt
das **Lied**, die Lieder
liegen, es liegt
der **Liter**, die Liter
das **Lob**
loben, er lobt
löschen, sie löscht
der **Löwe**, die Löwen
die **Lupe**, die Lupen

M m

machen, sie macht
das **Mädchen**, die Mädchen
malen, er malt
die **Mama**, die Mamas
der **Mann**, die Männer, das Männchen
der **Mantel**, die Mäntel
die **Maus**, die Mäuse
das **Meer**, die Meere
mehr

die **Milch**
die **Mi|nu|te**, die Mi|nu|ten
mit|neh|men, sie nimmt mit
der **Mitt|woch**
der **Mo|nat**, die Mo|na|te
der **Mond**, die Mon|de
der **Mon|tag**
das **Moor**, die Moo|re
das **Moos**, die Moo|se
mor|gen
mü|de
der **Mund**, die Mün|der
müs|sen, ich muss, du musst, er muss, wir müs|sen
der **Mut**
mu|tig
die **Mut|ter**, die Müt|ter

N n

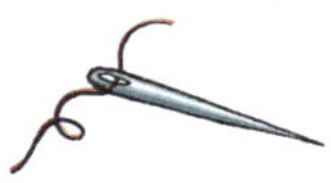

die **Nacht**, die Näch|te
die **Na|del**, die Na|deln
der **Na|me**, die Na|men
die **Na|se**, die Na|sen
das **Nas|horn**, die Nas|hör|ner
der **Ne|bel**, die Ne|bel
neh|men, sie nimmt
das **Nest**, die Nes|ter
nett
neu
nie
die **Nu|del**, die Nu|deln

O o

das **Obst**
der **Ofen**, die Öfen
öff|nen, sie öff|net
oft
das **Ohr**, die Oh|ren
das **Öl**, die Öle
die **Oma**, die Omas
der **On|kel**, die On|kel
der **Opa**, die Opas
Os|tern

P p

pa|cken, sie packt
der **Pa|pa**, die Pa|pas
der **Pa|pa|gei**, die Pa|pa|gei|en
das **Pa|pier**, die Pa|pie|re
die **Pau|se**, die Pau|sen
das **Pferd**, die Pfer|de
die **Pflan|ze**, die Pflan|zen
pflan|zen, er pflanzt
die **Pflau|me**, die Pflau|men
pfle|gen, er pflegt
der **Pin|gu|in**, die Pin|gu|ine
der **Pin|sel**, die Pin|sel
die **Piz|za**, die Piz|zen
der **Platz**, die Plät|ze
die **Pom|mes**
das **Po|ny**, die Po|nys
die **Pup|pe**, die Pup|pen
put|zen, er putzt

A B C D E F G H I J K L M N O P Q R S T U V W X Y Z

Qu qu

das **Qua|drat**, die Qua|dra|te
qua|ken, er quakt
die **Qual|le**, die Qual|len
der **Qualm**
der **Quark**
das **Quar|tett**
der **Quatsch**
die **Quel|le**, die Quel|len
der **Quirl**, die Quir|le

R r

das **Rad**, die Rä|der
die **Ra|ke|te**, die Ra|ke|ten
der **Rauch**
die **Rau|pe**, die Rau|pen
rech|nen, sie rech|net
re|den, er re|det
der **Re|gen**
reich
rei|sen, sie reist
rei|ten, er rei|tet
ren|nen, er rennt
der **Ring**, die Rin|ge
der **Rock**, die Rö|cke
rol|len, er rollt
der **Rü|cken**, die Rü|cken
ru|fen, sie ruft
rund

S s

die **Sa|che**, die Sa|chen
der **Saft**, die Säf|te
sa|gen, sie sagt
das **Salz**
der **Sams|tag**
der **Sand**
san|dig
satt
der **Satz**, die Sät|ze
sau|ber
das **Schaf**, die Scha|fe
der **Schatz**, die Schät|ze
die **Schau|kel**, die Schau|keln
schei|nen, es scheint
schen|ken, er schenkt
die **Sche|re**, die Sche|ren
das **Schiff**, die Schif|fe
das **Schild**, die Schil|der
schla|fen, er schläft
schla|gen, sie schlägt
die **Schlan|ge**, die Schlan|gen
schlau
der **Schnee**
schnei|den, sie schnei|det
schnell
schon
schön
der **Schrank**, die Schrän|ke
schrei|ben, er schreibt
schrei|en, er schreit
die **Schrift**, die Schrif|ten
der **Schuh**, die Schu|he
die **Schu|le**, die Schu|len
das **Schwein**, die Schwei|ne
schwer
die **Schwes|ter**, die Schwes|tern

der **See**, die Se|en
das **Se|gel**, die Se|gel
se|hen, er sieht
sehr
die **Sei|fe**, die Sei|fen
sein, ich bin,
du bist, er ist,
wir sind, ihr seid,
sie sind
seit
die **Sei|te**, die Sei|ten
die **Se|kun|de**,
die Se|kun|den
selbst
das **Sieb**, die Sie|be
sin|gen, er singt
sit|zen, er sitzt
der **Sohn**, die Söh|ne
sol|len, er soll
der **Som|mer**
die **Son|ne**,
die Son|nen
der **Sonn|tag**
die **Spa|ghet|ti**
spa|ren, sie spart
spa|zie|ren,
sie spa|ziert
der **Specht**,
die Spech|te
der **Spie|gel**,
die Spie|gel
das **Spiel**, die Spie|le
spie|len,
sie spielt
die **Spin|ne**,
die Spin|nen
der **Sport**
spre|chen,
sie spricht
sprin|gen,
es springt
die **Stan|ge**,
die Stan|gen,
der Stän|gel
stark
ste|hen, es steht
der **Stein**, die Stei|ne
stel|len, sie stellt
der **Stern**,
die Ster|ne
der **Stie|fel**,
die Stie|fel
der **Stift**, die Stif|te
still
die **Stim|me**,
die Stim|men
der **Strand**,
die Strän|de
der **Strauch**,
die Sträu|cher
der **Stuhl**, die Stüh|le
die **Stun|de**,
die Stun|den
su|chen, er sucht
die **Sup|pe**,
die Sup|pen

T t

die **Ta|fel**, die Ta|feln
der **Tag**, die Ta|ge
die **Tan|te**,
die Tan|ten
die **Ta|sche**,
die Ta|schen
der **Ted|dy**,
die Ted|dys
der **Tee**, die Tees
das **Te|le|fon**,
die Te|le|fo|ne
das **Tier**, die Tie|re
der **Ti|ger**, die Ti|ger
der **Tisch**,
die Ti|sche
die **Toch|ter**,
die Töch|ter
toll
tra|gen, er trägt
trau|rig
trin|ken, sie trinkt
die **Tür**, die Tü|ren
der **Turm**,
die Tür|me
tur|nen, er turnt
die **Tü|te**, die Tü|ten

A B C D E F G H I J K L M N O P Q R S T U V W X Y Z

U u 

üben, sie übt
die **Übung**,
die Übun|gen
die **Uhr**, die Uh|ren
der **Uhu**, die Uhus
der **Ur|laub**,
die Ur|lau|be

V v 

der **Vam|pir**,
die Vam|pi|re
der **Va|ter**, die Vä|ter
ver|kau|fen,
er ver|kauft,
der Ver|käu|fer
der **Ver|kehr**
ver|su|chen,
sie ver|sucht
viel, vie|le
der **Vo|gel**,
die Vö|gel
voll

W w 

der **Wa|gen**,
die Wä|gen
der **Wald**,
die Wäl|der
warm, wär|mer
war|ten,
sie war|tet
wa|schen,
er wäscht,
die Wä|sche
das **Was|ser**
der **Weg**, die We|ge
Weih|nach|ten
wei|nen, er weint
weit
die **Welt**
we|nig
wer|den, es wird
wer|fen, sie wirft
das **Wet|ter**
wie|der
die **Wie|se**, die Wie|sen
der **Wind**,
die Win|de
der **Win|ter**
die **Wo|che**,
die Wo|chen
woh|nen, er wohnt
die **Wol|ke**, die Wol|ken
wol|len, sie will
das **Wort**, die Wör|ter
der **Wunsch**,
die Wün|sche
wün|schen,
er wünscht (sich)
die **Wurst**,
die Würs|te
die **Wur|zel**,
die Wur|zeln

X x 

Y y 

das **Yp|si|lon**

Z z 

die **Zahl**, die Zah|len
zäh|len, sie zählt
der **Zahn**, die Zäh|ne
der **Zaun**, die Zäu|ne
das **Ze|bra**,
die Ze|bras
der **Zeh**, die Ze|hen
zei|gen, er zeigt
die **Zeit**, die Zei|ten
das **Zelt**, die Zel|te
die **Zie|ge**, die Zie|gen
das **Zim|mer**,
die Zim|mer
der **Zoo**, die Zoos
der **Zu|cker**
der **Zug**, die Zü|ge
zu|sam|men
die **Zwie|bel**,
die Zwie|beln